라인강의 돛단배

라인강의 돛단배

1판 1쇄 발행 | 2019년 4월 15일

지은이 | 유한나
발행인 | 이선우
펴낸곳 | 도서출판 선우미디어
등록 | 1997. 8. 7 제305-2014-000020
02643 서울시 동대문구 장한로12길 40, 101동 203호
☎ 2272-3351, 3352 팩스: 2272-5540
sunwoome@hanmail.net

값 13,000원

이 도서의 국립중앙도서관 출판예정도서목록(CIP)은 서지정보유통지원시스템 홈페이지(http://seoji.nl.go.kr)와 국가자료공동목록시스템(http://www.nl.go.kr/kolisnet)에서 이용하실 수 있습니다.(CIP제어번호: CIP2019013571)

ISBN 978-89-5658-608-3 03810

라인강의 돛단배

유한나 시집

선우미디어 sunwoomedia

시인의 말

독일에 산 지 어언 33년!

두 번째 시집 발간 후 8년 만에 세 번째 시집 ≪라인강의 돛단배≫를 발간하게 되어 기쁘고, 감사하다.

그동안 모국에서 발행되는 계간 문학 잡지 『문학과 창작』과 유럽 한인 문학잡지인 『재독한국문학』, 『유럽한인문학』 등에 실린 작품들과 신작을 모았다.

타국에 살면서 모국어로 시를 창작하는 이유가 무엇일까?

나의 삶의 뿌리가 모국이고 내 생각과 감정의 표현은 모국어로 가장 잘 표현할 수 있기 때문일 것이다.

가까이는 내 자녀들과 손자 손녀, 그리고 이곳에 사는 동포들과 자라나는 후손들에게 우리말로 쓰인 문학 작품을 정신 유산, 문학 유산으로 남기는 소중한 일을 지속하고 싶다.

타국에 살면서도 모국어로 시를 쓰는 시인의 길을 걸어가도록 격려해주신 어머니와 시인 박제천 선생님, 그리고 여러분께 깊은 감사를 드린다. 내 작은 시편들이 가족 친지 이웃들에게 작은 위로와 희망을 줄 수 있기를 바라면서 라인강에서 시편들을 띄운다.

부족한 시집을 아름다운 그림으로 풍성하게 꾸며주신 정사라 작가님과 편집 출판을 맡아 수고해주신 선우미디어 이선우 사장님과 여러분께 깊은 감사를 드린다.

2019년 4월

라인강이 흐르는 마인츠시에서

유한나

차례

시간의 강물 타고

나뭇잎의 말

그런 네가 보고 싶구나

네 작은 눈 들어

시간의 강물 타고

고요

고요한 자리에
고여 드는 고요한 생각.

고요한 마음에
번지는 고요한 향기.

큰 소리 점점 줄어들고
작은 소리 흔적 없이 사라지네.

커다란 흔들림 차츰 잦아들고
작은 흔들림 마침내 멈추고
분노 격정 근심 파도 조용히 가라앉네.

거대한 인생의 바다 한가운데

고요한 섬 되어

떠 있는

나.

우리말 두레박

옹알이부터 한 글자, 한 낱말 배우며
스물일곱 해 동안 푸르른 젊음 키웠던 내 삶의 모판,
정겨운 모국 떠나
낯선 독일어로 말하고 읽는 나라에서
굽이치는 세월의 파도 타고 온 지 어언 삼십 년.

이웃 사람에게 하는 말은 독일어라도
내 가슴에 출렁거리는 감동의 물결,
슬픔과 기쁨의 씨줄 날줄
가슴 우물 밖으로 길어 올리는 두레박은
아직도 내 가슴 깊이 숨겨져 있는 우리말.
목마른 갈증 시원히 풀어주는 생수,
메마른 마음 촉촉이 적셔주는 단비여라.

어깨 들썩거리며 흐느끼게 하는 감동
고단한 심신 위로하는 따듯한 기운이
우리말 속에 숨어있네.

독일에 태어나 하루하루 자라고 있는
내 사랑하는 자녀, 그들의 자녀에게 주고 싶은
나의 가장 아끼는 유산,
우리말 두레박!

오늘처럼 하늘 높은 날

까마득한
어찌 보면 눈 깜짝할 30년 세월,
어린 아들이 자라나고
그 아들의 아들이 태어난 독일 땅에서
마른 빵을 씹다가
어느 날 갑자기
뜨거운 입김 서린 쌀밥 먹고 싶은 것은
따뜻한 사랑이 고파서이지.

시원한 맥주의 땅에서
가끔은 누군가 더불어
잘 우려진 차 한 잔 마시고 싶은 것은
냉기 도는 마음 덥히고 싶어서이지.

맑은 눈동자 가진 이와 마주 앉아
그 호수 같은 눈 속에 빠지고 싶은 것은
여리디여린 나를 소중히 품어 키워주시던

어머니 깊은 몸속,
부드러운 사랑의 물이 그리워서이지.

오늘처럼 하늘 높은 날
너의 오늘은 어떠했는지 궁금하구나.
맑은 고국 하늘 아래 사는
동생아!
친구야!

라인강의 돛단배

팔순의 친정어머니에게
안부 메일 보내드리면
어머니의 반가운 마음 실은 돛단배
한강에서 라인강까지 단숨에 달려온다.

일주일에 한 번 메일 드려도
아주 오랜만에 소식 받으시는 듯
메일함에 뜨는 제목은 '반갑다'.

청청한 소나무처럼 푸르른 어머니의 바다
멀리 떨어져 있는 나의 황량한 해변에
힘차게 철썩거리며 밀려온다.

사시사철 화창한 마음으로
오십이 훌쩍 넘은 딸의 마음 읽으시고
활짝 핀 봄날 인사로 화답하는
어머니의 사랑의 돛단배

오늘도 '반갑다'라고 쓰인 돛 휘날리며
내 작은 항구에 안착하고 있다.

어머니 가슴 속에는

어머니 가슴 속에는
인동초 한 그루
날마다 자라고 있었지.

붉은 아픔의 고통 삭이고
애타는 마음의 파도 잠재우고
하이얀 희망의 봄꽃으로 피어나는 꽃.

모진 겨울
이 악물고 견딘 후
따뜻한 봄빛 비치면
찬란한 금빛, 은빛 꽃 피워내는
인동초 자라고 있었지.

어머니 가슴 속에는
해바라기 한 그루
날마다 키를 키우고 있었지.

아득히 먼 거리
집 떠나 사는 자식 향해
늘 고개 돌리며 목이 길어진
키 큰 해바라기 자라고 있었지.

비 오는 날

쏟아지는 빗소리
외로운 빈방 창가 찾아와
타닥타닥 두드리는 소리 정겨워라.

철모르던 어린 시절부터
욕망의 검은 물 빠지는 흰머리 생기기까지
내 오랜 친구였지.

함께 지냈던 오래된 얘기 나누고 싶어
밤 깊도록 창가에서 투다닥거리며
정다운 이야기 들려주네.

내 마음에 햇빛 사라진 날,
창가 두드리며 찾아와
메마른 가슴 촉촉이 적셔주네.

외로움보다 더 질긴 뿌리 내리고
아픔보다 더 붉은 화사한 꽃 피우라고
내 인생 나무에
사랑의 물 듬뿍 뿌려주고 떠나네.

하늘과 땅 이어주는
내 오래된 친구.

골동품

아득한 내 어린 날
십 년을 다섯 번 거슬러 올라가는 어느 날,
술 한 잔 걸치신 아버지
만면에 웃음 띤 얼굴로
내 조그만 손에 쥐어주셨던
용수철 달린 자그만 어린이 수첩
그 빨간 표지에 무엇이 그려져 있었는지
한 장 한 장 하얀 종이 넘기며
어떤 글을 썼는지
단 한 점 기억도 없는데
아빠의 첫 선물 받았던 그 순간
머릿속에 화석으로 선명히 남아 있네.
놀라운 선물의 힘
아니 사랑의 힘
수첩에 실려 온 아빠의 사랑
그날, 내 마음 한 귀퉁이에 뿌리를 내렸다.

아빠의 유일한 선물
내 마음속 동굴 굽이굽이 내려가다 보면
아직 썩지 않고, 바래지 않은 채
고스란히 한 구석에 보존되어
세월이 갈수록
그 골동품 가치 오르고 있다.

추억 갤러리

커다란 둥근 벽
수십 개 그림 액자

작은 검은 바다처럼 출렁이던
숯 조각 둥둥 떠 있던 간장 장독,
올망졸망 항아리 정겹게 서 있던 장독대

부뚜막 연기 나는 가마솥 앞
국밥 끓이시던 할머니,
두레박으로 새벽 우물 길으시던 할아버지

활짝 웃음 띤 얼굴, 큰 손으로
초콜릿 건네시던 아버지

보글보글 찌개 끓여
사랑의 입김 가득한
밥상 차리시던 어머니

지칠 줄 모르고
고무줄놀이, 숨바꼭질하며
골목길에서 뛰놀던 한 무리 아이들

내 마음 깊이 자리 잡은
추억 갤러리.

시간의 강물 타고

고요한 달빛 쓰고
시간의 강물 타고
기억의 배 노 저어 가면
오롯이 떠 있는 그리운 집 한 채.

그때 그 집 사람들 숨소리
단란한 웃음소리
정겨운 말소리 들리네.

초롱초롱 알알이
붉은 눈물 빛 머금은 석류나무
연한 단내 풍기며 우뚝 서 있던
우람한 무화과나무
오래된 그 집 아직도 지키고 있네.

'텅' 해맑은 물소리 내며
새벽 열던 할아버지 두레박 소리

부엌 무쇠 가마솥 뿌연 연기에 실려
집안에 퍼지던 할머니 구수한 냄새
마당 가로질러 매달린 빨랫줄에 앉아
새 아침 노래하던 새소리.

마당 한옆 듬직한 절구통
반질반질 눈빛 빛나던 항아리
옹기종기 모여 있던 부엌 앞 장독대

오십 년 전 모습 고스란히 보존된
남강(南江) 흐르던 진주 외가
가슴에 담아 안고
안도의 숨 뱉으며
다시 시간의 강물 타고
내 사는 라인강변까지 돌아오는 밤.

어머니

– 어머니 팔순 생신 축시

내 곁의 한 편의 시,
내 마음 밭에 생명의 씨앗 떨어뜨렸네.

한 행 한 행 읽어 나갈 때
내 마음 바위벽에
감동의 파도 철썩거리며 부딪쳐 오네.

내 눈앞의 한 그루 인동초,
온몸 휘갈기는 매서운 바람
마음 온통 차갑게 적시는 장대비
이 악물고 견디고 또 견디어
찬란한 금빛, 은빛 꽃송이 피우네.

당신의 이름은 어 머 니
그 이름 안에
나를 채워주는 넉넉함,
외로운 내 편에 서 주시는 든든함,

내 추운 마음 데워주는 사랑의 불
늘 타고 있네.

당신의 아픈 눈물의 비,
당신이 비추시는 따뜻한 사랑의 햇빛,
장성한 나무 한 그루로 날 키우네.

사랑의 두레박질 쉬지 않으시는 어머니,
당신의 모든 땀과 눈물에 감사합니다.
당신의 모든 것을 사랑합니다.

희망의 시 한 편으로
늘 내 곁에 머무소서.

이삿짐 싸기

서랍 한구석
이십 대의 내가 활짝 웃으며
오십 중반의 나를 만나러
사진 밖으로 걸어 나온다.

오래된 것, 낡은 것 버리려
이 서랍 저 서랍 여는데

젊은 얼굴의 내 사진
결혼한 아들의 어릴 적 사진
불쑥불쑥
시간을 뒤섞으며 튀어나온다.

잊고 있던 추억 짐까지
마음 보자기 활짝 펼쳐
차곡차곡 싸고 있다.

한때 나도

한때 나도 너처럼
얇디얇은 두 날개 팔랑거리며
하늘로 날아갈 듯할 때 있었어.

한때 나비 같은 여자라고 불릴 때도 있었지.
그게 무슨 뜻인지 생각해볼 틈도 없이
찬란한 젊음의 오색 길 달려오는 동안
그 한때가 훌쩍 지나갔지.

지금의 나도 먼 훗날 언젠가
그리움 묻은 한때의 내가 되어
팔랑팔랑 나비처럼 날아오는 날 오겠지.

염색

긴 머리 늘어뜨린 나이 지긋한 미용사
마술사처럼 검정 장갑 끼고

하얗게 바랜 세월 내려앉은 내 머리에
검정 붓 굴리며
세월의 바퀴 되돌리고 있네.

잠시 감았던 눈 떠보니
마법의 큰 거울 속
나보다 십 년쯤 젊은 여자 앉아있네.

인생 부자

이른 아침
독일 한 기차역 커다란 간판 속,
편안한 옷차림의 모자 쓴 아저씨
내게 말을 건다.

"Wartezeit ist Geld."
(기다리는 시간은 돈입니다)

육십 년 인생 여정에
헤아릴 수 없는 기다림의 시간 보냈으니
내 인생 통장에 셀 수없이 많은 돈 쌓였겠구나.

인생의 깊이가 녹아든 한 줄 문장에
백만장자 부럽지 않은 인생 부자 되었네.

강물

강은 홀로 흐르는 게 아니었어.

어느 맑은 날
밤새 어둠 뚫고 흘러온 강물에
쏟아지는 햇빛의 갈채 보았어.

달빛이 캄캄한 길 밝혀주어
강물은 밤새 달릴 수 있었지

상큼한 아침 바람이 달려와
조용한 강물 흔들어 깨우고
무거워진 강물의 등을 밀고 있었어.

얼마나 더 흘러야 할까?
강변에 나무들이 줄지어 서서
주먹 불끈 쥐고 응원하고 있네.

햇빛 바람 달빛 나무들이
강물과 함께 흐르고 있었지.

그 강을 바라보는 나도
시간의 강물 따라
흐르고 있었어.

나뭇잎의 말

봄 교향곡

푸르른 들판에 새 한 마리
톡톡톡 부리로 모이 쪼고
가녀린 다리로 이 가지에서 저 가지로
퐁퐁퐁 봄의 요정처럼 뛰어다니네.

나뭇잎 바람결 스치는 소리
작은 바윗돌 감아돌아
개울물 잘잘 흐르는 소리
시냇물 따듯이 껴안고
햇빛 촬촬 흘러가는 소리

어느덧
평화로운 노을 빛
내 마음 붉게 물들이며
천상의 날개 펼쳐
내 영혼에 고요히 얹혀오네.
자연이 연주하는 봄 교향곡!

유채밭

눈 시리도록 싱싱한 초록 들판 한가운데
노오란 그리움 한 올 한 올 짜인
큰 노란 손수건 한 장
봄바람에 펄럭거리고 있다.

푸르른 고향 바다 같은 하늘 향해
봄나비처럼 팔랑거리는 미소 보내며
아련한 기다림의 물결 가슴에 품고
작은 노란 바다 한 폭 살랑살랑 흐르고 있다.

나비

위로의 꿀 한 방울 얻지 못해
멀리 산책 나온 길

팔랑거리는 나비 한 마리
내 눈길 끄네.

아무도 눈여겨보지 않는 길가 야생 꽃에
그의 그윽한 시선 머무네.

꽃 주위 안타까이 맴맴 돌다가
마침내 야생 꽃 마음 한자리 얻어
파드득파드득 꿀 빨며
날갯짓으로 시 쓰는
나비.

넓고도 넓은 땅에
쓰러져가는 초가집 한 채 없어도,

얇디얇은 두 쪽 날개밖에 없어도
이 지상에 주어진 이십여 일 숨 가쁜 시간에
간절한 구애의 날갯짓으로
시 쓰는 나비,

어두운 내 마음의 밤하늘에
파닥거리는 날개로
기쁨의 별빛 뿌려주네.

폭포

커다란 산이 외로워

눈물 주르륵주르륵 흘린다
쌓이고 쌓인 외로움
실타래 풀어내듯
하얀 눈물로
쉴 새 없이 풀어내고 있다.

거대한 산이 괴로워

어깨 들썩거리며
눈물 콸콸 쏟아낸다
누르고 눌렀던 울분으로
포효하듯 통곡하고 있다.

절벽 치며 떨어지는 눈물에
멍울진 아픔 시원히 씻기어지고

얼룩진 분노 산산이 부서져 내린다.

산은 이제

물 가루 뿌리며 휘파람 불고
무지개 찬란한 미소 띠는
생(生)의 여유 보인다.

절벽 끝에서

청아한 물소리로
생(生)의 절창 들려주고 있다.

밤하늘

아픈 마음에
눈물 맺힌 눈 들어
밤하늘 우러러보니
하늘의 마음을 배우렴
별의 마음을 배우렴
별빛같이 빛나는 음성 들리네.

험한 산, 높은 마천루도
훌쩍 뛰어넘는
높고 높은 하늘의 마음,
그 모든 것 푸근히 감싸는
넓은 하늘의 마음을 배우렴.

주위 어두울수록
어둠에 스러지지 않고
속으로 꽉 찬 빛

밤새 뿜어내는
의연한 별의 마음을 배우렴.

밤하늘 같은 마음에
별빛 품고
서글픈 눈물 훔치네.
어둠 밝히는 별의 마음
산을 뛰어넘는 하늘의 마음 배우네.

수양버들

긴 머리 땅에 닿도록
고개 숙여
참회하는 수도자.

머리숱만큼 많은 죄 부끄러워
감히 우러러 하늘 바라볼 수 없네.

바람의 귀에 대고 우우 하며
쌓인 죄 고백하고
쏟아지는 빗줄기 붓 삼아
땅에 쓰는 참회록.

땅에서 왔으니
다시 땅으로 돌아가야 하는
뿌리 잊지 않으려

무성한 잎 자랑치 않고
땅만 바라보며
일평생 수양하는
수양버들.

수제비 구름

먹을 것이 풍족지 않았던 그 옛날,
수제비 한 그릇은
가난한 빈속을 따뜻이 채워주었지요.

오늘
가난한 마음으로 바라본 하늘
잘 반죽된 흰 구름 한 점, 한 점이
내 눈에,
내 허기진 뱃속에
따뜻한 수제비 되어 채워집니다.

연못가에서

해저물녘
고요가 머무는
동네 연못가

물가에 서 있는 오리 한 마리
물속 깊이
애처로운 눈길 던지고 있다.

시간 잊은 채
헤엄 놀이에 빠진
새끼 오리 기다리는 것일까

먼저 떠난 짝 오리
그림자 찾고 있는 것일까

먼 훗날 내 모습일까 싶어
오랫동안 눈길 떼지 못하네.

나뭇잎의 말

우람한 나무에 가만히 매달려 있었어
고개 숙여 말들을 안으로 삭히고 있었어.

그때였어
잎들 안에 숨어있던 말의 요정들이 튀어나온 것은…
바람이 그들 곁에 다가왔지.

아, 찬란했어
잎맥 사이사이 접어두었던 말들이
현란한 햇살같이 쏟아지고 있었어.

바람은 나뭇가지에 걸터앉아
잎들이 손짓 발짓하며
털어내고 있는 말을 듣고 있었어.

외로움의 말을 들으며 맞장구쳐 주더군.
슬픔의 말 들으며 눈가에 맺힌 눈물을 닦아주었어.

아픔의 말 들으며 같이 어깨 들썩이며 울었어.
가끔 신나는 말을 하는지
잎들 눈이 반짝반짝 빛나기도 하였어.

아, 나는 알았지.
나뭇잎들이 깊이 묻어둔 말이 많다는 것을
아, 나는 보았어.
바람이 그들의 말을 귀담아 들어주는 것을.

낙엽

이른 아침
간밤의 비바람에 떨어진 잎들을
싸리비로 쓸며
내 가슴 안에 떨어져 쌓인 잎들도 쓸어낸다.

생기 잃은 메마른 허무의 잎
숭숭 구멍 뚫린 외로움의 잎
슬픔의 물기에 젖은 잎들 싹싹 쓸어낸다.

아, 그 옛날
이른 아침마다
대문 앞을 쓰시던 할아버지는
골목길에 아이들이 종일 놀다 남긴 쓰레기,
동네 사람들이 오가다 흘린 먼지만 쓸어내신 게 아니었구나.

밤새 그분 마음 안에 수북이 쌓인
붉은 아픔의 잎

불타는 분노의 잎
검게 타버린 근심의 잎을
긴 빗자루로 싹싹 쓸어내셨던 것이구나.
갈래갈래 흩어진 마음
싸리비로 가지런히 고르신 것이었구나.

찬 공기 마시며 낙엽 쓰는 아침,
싸리비 드신 채
묵묵히 대문 앞 길목 쓰시던 할아버지
내 눈앞에 서 계신 듯하다.

물의 군대

독일 라인강변 아래
물의 군대
가만가만 전진하고 있었어.

역사의 바위에 묻은
치욕의 얼룩 지우려

시대의 자갈밭에 널려 있는
굴욕의 파편 씻어 내리려
쉼 없이 전진하고 있었어.

쉴 새 없이 흐르는 땀과 눈물로
메마른 가슴들 적시려,
끝 보이지 않는
순례길 걷는 자들의 고단한 발 씻기려
모두 깊이 잠든 검은 밤
살금살금 골짜기 아래

몸 낮추어 포복하여
가만가만 들레지 않고
앞으로 앞으로 나아가고 있었어.

그랜드캐넌

끝이 아스라한 기괴한 암석의 물결
20억 년 장구한 시간의 바퀴 돌아
바람의 손이 층층이 깎아낸 제단

세월의 이끼 낀
푸르스름한 청동빛 휘장 두른 권좌
바람의 신이 근엄히 앉아있다.

하늘과 세상 잇는 바람의 무리
세상에 흥건히 젖은 슬픔 거두어들여
이곳에 모두 털어 말리고

거대한 나무뿌리 쓰러뜨리던
세상 향한 분노와 혈기
제단 앞에 무릎 꿇어 용서를 비는구나.

해 떠오르는 눈부신 빛에 씻김 받고

고요한 새벽마다 새로운 묵시 받아
세상으로 보내심 받는 바람

아득한 시간 동안
새벽 여명과 노을빛에 물든
장엄한 신비의 암갈색 신전
내 작은 눈앞에
전설처럼 찬연히 펼쳐져 있다.

터키 에베소에서

순결한 비둘기 눈, 검은 올리브
신선한 청포도 알, 녹색 올리브
곳곳마다 기름진 감람나무
알알이 붉은 보석 알 품은 석류나무

십자가에 못 박히는 처절한 아들 신음 소리에
뼈가 끊어지는 듯 심장의 고통 겪은 예수 어머니
아픔과 핍박의 땅 예루살렘 멀리 떠나
날마다 간절한 기도의 향기 피워올리던 땅

십자가에서 성모 마리아의 여생 부탁하신
주님의 사랑하는 제자
영생의 복음 전한 사도 요한이 묻힌 성지.

사도 바울의 거룩한 발길이 닿았던 곳
삼 년 동안 뜨거운 심장의 눈물 흘리며

구원의 복음을 전한
화려한 항구 도시 에베소.

그의 영적인 아들 디모데
순교의 피가 흐른 곳.
목숨 걸고 믿음 지킨 초대 성도들
절절한 기도의 향기 배인 깊은 동굴에서
눈물의 예배 드린 땅

지금은
하루 다섯 번 모슬렘 기도 소리
마을마다 우우 울리고
구주로 오신 예수님, 영생의 빛 찾지 못해
어둠의 그늘에 앉아 헤매는 백성

이 땅이 진리를 찾는 순례자의 피난처가 되고
하늘과 땅,

유럽과 아시아,
모슬렘과 그리스도인을
십자가 용서의 사랑으로 이어주는 제사장 나라,
온 세상에 주의 영광의 빛 비추는
거룩한 하나님의 백성이 되기를!

순교의 피로 물든 터키 땅
주의 영광 다시 비추는 날 오기를!

크레타섬의 무지개

눈길 끝나는 저 먼 곳
포근히 섬 덮고 있는 하늘
너른 바다와 아스라이 만나고
멀리서 달려온 바닷물
흰 거품 가득한 숨 내뿜으며
산기슭 해변에 쉬러 오네.

햇빛 양탄자 깔아놓은 산기슭
어린 양과 염소 떼 한가로이 풀 뜯고
얼굴 가린 수줍은 신부인 듯
산봉우리는 하얀 구름 너울 쓰고 있네.

타오르는 태양신 우러르다
오글오글해진 올리브 나무
들판마다 줄지어 서서
비둘기 눈 같은 검은 열매 달고 있네.

집 뜰마다 레몬, 감귤 향기 넘나들고
곳곳에 커다란 잎사귀 흔들며
섬 지키는 파수병 야자나무.
하늘, 바다와 산이 물댄동산처럼 푸르른 섬.

웅장하고 화려했던 크노소스 궁전*
이제는 흩어진 돌무더기로 남은
천 오백여 개 방을 잇는 미로(迷路) 지나
왕이 앉았던 돌 보좌에 오니
천 년을 네 번 돌고 온 타임머신이 앉아
동서남북에서 몰려와 알현하는 후손들 맞이하네.

보석으로 긴 머리 치장한
어여쁜 미노스의 세 여인,
향연장으로 포도주 항아리 나르는 두 미소년(美少年),
이제는 궁전 아닌 프레스코 그림 안에 살고 있네.

비 내린 후
크레타 하늘에 뜬 무지개
높은 하늘과 넘실거리는 푸르른 바다를 잇고
4천여 년 세월 뛰어넘어
고대의 미노스 인들과 나를
찬란한 무지개다리로 이어주네.

크리스털 보석처럼 반짝거리는 설산(雪山)
수천 년 푸른 꿈으로 출렁거리는 바다
가슴에 품은 섬,

내 안에 떠 있네.

* 크노소스 궁전: 기원전 1600년 경, 지중해 크레타섬 고대도시 크노소스에 건축된 유럽 최초의 궁전으로 1500여 개의 방이 있었다 함. '미로'(Labyrinth)라는 말이 이 궁전에서 유래했음.

그런 네가 보고 싶구나

백합

하얀 슬픔 먹으며
하루하루 찐 살
검은 욕심 사라진
백옥 피부 되었네.

붉은 아픔 마다치 않고
꿀꺽꿀꺽 삼킨 마음 벽에
차곡차곡 쌓인
석류 알처럼 빛나는 내공,
은은한 향기로 피어오르네.

시련의 찬 바람에 단단해진 줄기
갸날픈 몸 곧게 세우는 튼실한 기둥 되었네.

그늘진 숲속에 다소곳이 앉아
해말간 얼굴 내미고
하늘하늘 피어나는 꽃 한 송이.

봄 패션쇼

겨우내 초라한 모습으로 서 있던 몇 그루 나무
언제 저리 눈부신 옷 입었는가!

소박한 시골 봄 처녀 같은 노란 개나리
화사한 붉은 옷 차려 입은 진달래
우아한 흰 드레스 걸친 목련 나무.

한껏 자태 뽐내며
산천 무대에서 패션쇼 열고 있네.

인생 겨울 지나는 동안
춥다고 서글퍼하지 말고
저들처럼 화려한 옷 한 벌
정성껏 지을 일이다.

아가와 새

아직 첫돌도 되지 않은,
일곱 달 갓 넘은 아기
할머니가 밀어주는 유모차에
비스듬히 누운 어린 왕세자 되어
거리를 행차하고 있다.

갑자기 푸르른 창공에
푸드득거리며 날고 있는
새 몇 마리
그 작은 눈에 띄었는지
짧은 목, 길게 빼고
하늘 우러러 쳐다본다.

고놈, 나중에 커서 시인이 되려나
아니면 조류학자 되려나?

요즘 세상엔

높아진 가을 하늘
어른도 고개 들어 안 쳐다보는데,
땅에 발 딛지도 못하는 일곱 달 아가
하늘 호수같이 맑은 눈동자로
하늘길 쫓아간다.

그런 네가 보고 싶구나

키 높은 해바라기 시샘하지 않고
향기 그윽한 장미 부러워하지 않네.

귀 기울여 땅이 들려주는 말 들으려
키 낮추어 피어나는 너를 바라보면
높았던 마음도 한껏 낮추게 되지.

요란한 소문 내지 않고
조용히 제 자리 지키며
소박한 색으로 꽃 피워내고
상큼한 향기로 잔잔히 마음에 스며드는
네가 보고 싶구나.

목청 높여 정의 부르짖지 않아도
네가 인내로 피워내는 꽃이
바로 정의의 깃발!

거창한 평화운동 하지 않아도
네가 뿜어내는 향기가 평화의 꽃이지.
그런 네가 오늘 보고 싶구나.

시 한 송이

어느 가을날
한 잎 나뭇잎처럼
사뿐히 떨어져 내리지.

젊음의 여린 숫기 벗고
소슬한 바람에
타오르던 열정 식히고
축축한 연민의 습기 걷어내어
곱게 물든 한 잎 낙엽.

내 마음 정원에
어느덧 키 높이 자란
한 그루 가을 나무 아래
가만히 떨어져 몸 눕히네.

시
한 송이.

정원의 난쟁이

길가 어느 집 정원,
붉은 고깔모자 쓰고
고개 젖혀 함박웃음 짓는
백설 공주에 나오는 한 난쟁이.

어, 짧은 다리를 가진 그가 어찌
내 눈높이에서 웃고 있을까?

아하, 듬직한 나뭇등걸 위에 서 있으니
난쟁이도 키다리가 되는구나!

꽃을 찾아

머물던 자리 떠나 길을 나섰네.

꽃의 강물 속에 출렁거리는
향기 주머니 건지려

향기의 바다에 잠수하여
기쁨의 진주 캐내려

땀 흘려 기쁨의 산에 오르는 환희,
구불구불 가파른 산 정상에 올라
감동의 샘물 마시려

머물던 자리 떠나
꽃을 찾아 길을 나섰네.

꽃은 누리에 퍼져가는 향기,
그 어여쁨에 마음마다 번져가는 기쁨,

그 어린 생명의 몸짓으로
세상 밝히는 환희와 감동이어라.

오늘도
꽃을 찾아
머물던 자리 떠나 길을 나서네.

조화(造花)

가느다란 줄기
그 줄기 끝, 방울방울 열매
한 귀퉁이 벌레 갉아먹은 잎사귀

함초롬히 핀 꽃 만난 반가운 마음 실어
'너는 꽃이야!' 말하려는 순간,

아, 다가가도 향기 뿜지 않네.
살랑거리는 숨결에도 꽃잎 떨리지 않네.

검은 땅속 깊이 파묻혀
썩어 문드러지는
인고(忍苦)의 시간 거치지 않아

단단한 흙 뚫고
싹 틔우는 아픔 몰라

화려한 부활의 생기 보이지 않네
그윽한 향기 맡을 수 없네.

진짜보다 더 진짜같이 보이는 가짜 꽃.

어떤 대화

두 사람이 꽃밭에 앉아 있어요
한 사람이 붉은 튤립 꽃잎 같은 입을
오므렸다 벌렸다 하네요.

올라갔다 내려갔다 하는 손가락,
물오르는 나뭇가지처럼 보이네요.

두 마음이 하나 되는 순간,
함박웃음이 민들레 꽃씨처럼 퍼져
높이높이 하늘로 흩어지네요.

튤립 향기에 취하여
꽃밭으로 가만히 다가갔어요.

아, 그런데 그들의 입에서는
아무 말도 나오지 않네요.

대화는 마음으로 하는 것이라고
두 송이의 꽃은
온 몸짓으로 진한 향기 뿜어내고 있네요.

가을 안부인사

그도 갔다.
그녀도 갔다.
어디로 갔을까?
어디에 있을까?
문득 그들 안부 궁금하다.

이 세상보다 광대하고
젖과 꿀이 흐르는 아름다운 땅이기에
그도 저도 앞다투며 떠났을까?

그의 얼굴 가득 차있던 수심
수정같이 맑은 강물에 깨끗이 씻겨졌을까?
그녀 가슴 아프게 찌르던 슬픔의 가시
한없이 따사로운 햇볕에 녹아 없어졌을까?

난 언제쯤 그곳에 가서
그리운 이들 미소 짓는 얼굴 마주 볼 거나?

비 내린 후
붉은 잎, 황금 잎 다 떨어져 뒹구는 늦가을,
문득 낙엽처럼 떠나간 그들 안부 궁금하여
가을 창공 향해 안부 인사 보낸다.

포도

신(神)이 내려준 과일이라지.
시원한 초록빛
환상의 보랏빛 옷 입고
알알이 하늘의 향기 품고 내려왔네.

술로 빚어져
한 방울씩 목젖 적실 때마다
몸 한 자락, 마음 한 자락
한 걸음 한 걸음
속세를 떠나고 있네.

밋밋한 삶에
하늘 향기 뿜어주네.
메마른 삶에
천상의 기쁨의 비
촉촉이 뿌려주네.

수박

목마른 이들 향한 마음
속으로 붉게 타고 있었네.

세찬 비바람 거듭 맞으며
일편단심 푸르른 단단한 껍질 만들었네.

따가운 햇살 견디며
모난 마음 둥글게 키웠네.

아낌없이 제 속 비워
목마른 이웃에
붉은 단물 마시우고

초승달 같은 입가에 미소 지으며
눈 스르르 감고
조용히 말라가는 수박껍질.

바나나

넓은 세상 살아가기에
혼자로는 너무 외롭다는 것
일찍이도 알았구나.

온기 한 점 없는 매몰찬 바람
마음마저 푹 젖게 만드는 세찬 빗줄기
쉬이 지치게 하는 뜨거운 태양 빛
함께 견디어 내자고
손 꼭 붙잡고 여럿이 함께 태어났구나.

여섯 쌍둥이처럼 나란히 함께 태어나
흥부네 식구처럼 오손도손 모여 사는 모습
보기에 참 좋아라.

찬바람 들어오지 못하도록 바짝 몸 붙이며
따듯한 온기 나누고

서로의 말에 다정히 귀 기울이며
사랑의 말 속삭이고 있네.

수수한 시골집 지붕에 걸린 초승달 모습
화려하지 않은 은은한 보름달 색
진하지 않은 그윽한 향기
허기진 공복 채워주는 너,

우리 어머니 모습 참 많이 닮았구나

이것저것 주시려고 손 펴시는
어머니 넓은 손까지….

양파

몸 켜켜이 톡 쏘는 맛 숨겨 놓았다가
어느덧 슬픔의 맛에 둔감해진 네 코,
찡 울리게 하고 싶어.

몸 켜켜이 매서운 맛 숨겨 놓았다가
오랫동안 말라버린 네 눈물샘 건드려
아픔의 눈물 흥건히 고이게 하고 싶어.

내 껍질 벗기고 또 벗겨내어도
얼룩 한 점 없는
마음의 속살만 보이고 싶어.

내 가진 것 뺏고 또 뺏어도
뽀얀 안개 한 점으로 공중으로 사라져
네 마음에 하얀 진주 알로 박혀
널 빛나게 하고 싶어.

꿈길

눈 감아야 비로소 보이는 길
청실 꿈에 홍실 꿈을 엮어 만든
무지개 꿈다리 건너
오늘 밤에도 꿈길 건너간다.

분주한 하루의 창이 닫히면
그때야 조용히 열리는 길

오늘도 밤이 눈감은 시간
조용히 일어나
꿈길 걸어간다.

네 작은 눈 들어

털실꾸러미

차가운 날
몸 웅크려 자며
포근한 꿈 꾸고 있었어요.

내 볼품없는 가느다란 몸
경이롭게 바라보는
빛나는 눈빛 보았어요.

내가 뿜어낼 온기
미리 더듬어보는
따뜻한 손이 있었지요.

내 가벼운 몸
품에 소중히 안고
한 코 한 코
추운 사람에게 입힐

아늑한 옷 짜는
큰 손 가진 주인을 만났어요.

몸 웅크린 털실 한 꾸러미
작은 소쿠리 침대에 누워
깊은 꿈에 잠겨있어요.

포옹

네 따스한 온기로
비바람 추위 막아주어 고마워.

무게중심 잡지 못해
흔들거리는 연약한 몸
단단히 붙들어주니 든든해.

내 피부가 노란색이라도
네 하얀 피부 자랑치 않고
소중히 껴안아주니 행복해.

한 몸으로 살고
한 몸으로 죽어야 해.

달걀흰자와 노른자
서로 나지막이 속삭이는 말

부엌에서 조용히 듣고 있는
이 아침.

새벽 기차

길게 뻗어있는 검은 어둠을
송곳처럼 뚫고 달린다.

남보다 더 부지런한 사람들
띄엄띄엄 기차 좌석에 앉아
노트북을 켜고 두 손 열심히 놀리고 있다

생의 어둠 한 편을 가르기 위해
새벽부터 달리는 사람들
아직 굳게 닫힌 창문 달린 집들을
쉴 새 없이 뒤로 보내며 기차는 달린다.

이제 얼마쯤 더 달리면
어둠에 삼켜져 있던 집들
꿈틀거리며 깨어날 것이다.

곤히 잠들었던 창문들
하나둘씩 눈 반짝거리며 불을 켜고 있다.

새벽기차는 아침을 향해 달리고 있다.

잠의 천사

오후 늦게 마신
한 잔 커피 탓인가
눈뜬 채 밤 지새고 있었네.

새벽 늦게야 찾아온 천사
내 기다림으로 다져진 마음 밭에
잠의 씨앗 심어놓고 떠났네.

반백 년 넘도록
밤하늘 어둡고 먼 길 날아와
'애썼다. 애썼다' 하며
어머니 같은 안쓰러운 마음 담아
슬픔의 응어리 풀리기까지
어깨 도닥여주며
자장가 불러주던 잠의 천사!

그 고마움 알지 못한 채
감사의 악수 한번 하지 못했네.

돌베개 베고 누운 야곱 찾아와
하늘에 닿는 사다리 꿈 선사한 천사처럼
고단한 광야 인생길에서
날 키운 건 팔할*이 잠의 천사였네.

* 서정주 시인의 <자화상>중 '날 키운 건 팔할이 바람이었네'에서 따옴.

우리 곁을 떠난 시인에게

백세 시대에
단지 오십 네 해를 보내고
허망하게 훌훌
흙으로 돌아간 시인!

모국 떠나온 멀고 먼 낯선 땅에서
하루하루 수십 년 세월을
마른 빵조각에 외로움의 물 마시다
마침내 위암에 걸렸네.

몇 달 호흡 남은 안타까운 시간
남은 생명의 불꽃 지피며
이 땅에 살다간 흔적 남기는 글을 썼네.

그대여
홀로 사는 시린 외로움도
헤어지는 뼈아픈 슬픔도

바늘 찌르듯 아픈 고통도 없는
하늘나라 그 양지바른 땅에서
참 평안과 쉼을 얻으시길 빕니다.

날마다 하는 연습

날마다 하는 연습이 있지.

온종일 땅 밟고 섰던 두 다리
비로소 땅에서 떼고

생각의 무게로 무겁던 머리
가볍게 내려놓고

종일 열어놓았던 마음의 창,
두 눈 꼭 감고
색채 없는 캄캄한 길 걷지.

날마다 일곱여 시간 걸리는 연습
수십 년 지나도 아직 끝나지 않았지.

마침내 연습 끝나는 날
완전 자유다! 외치며

기쁨의 동산에
사슴처럼 뛰어 올라가야지.

오늘도 죽고 다시 깨는 연습한다.

어느 날

잘

죽기 위하여

그리고

기쁨과 평화의 햇살 눈부신 그 아침,
찬란히 깨어나기 위하여!

소중한 하루

그대가 내 곁을 떠나면
내 귀에 들려주던 노랫소리
다정한 목소리
바람결에 실려 오겠지요.

내가 그대 곁을 떠나면
나의 따듯한 미소
낭랑한 웃음소리를 그리워하겠지요.

나와 그대와 함께 하는
이 하루
가슴 벅찬 기쁜 선물이기에
소중히 받아 안아
함께 선물 상자 풀어보기로 해요.

외줄 타기

1.
땅에만 발 딛고 살 수는 없었다.

어느 날
꿈에도 그리던 새가 되어
공중으로 펄쩍 날아올랐다.

살포시 두 발 내린 곳은
바람에 흔들리고 있던 나뭇가지였던가?
아니, 흔들리는 외줄이었다.

수많은 군중 속에 혼자만이 걷는
좁고도 좁은 외로운 길
한순간의 멈춤도 없이 흔들리고 있는 길

공중으로 뻗어있는 길보다
더 아득해 보이는

외줄 아랫길

한 손에 시원한 부채 들고
다른 한 손에는 뜨거운 땀 움켜쥐고
허공에 찍힌 목표에 초점 맞추고
한 걸음 한 걸음 앞으로 나아간다.
무게중심 놓치면 끝장이다.

2.
다람쥐처럼 잽싸게 걸어간다.
제기차기하듯 한 발을 허공으로 힘껏 쳐올렸다가
다시 사뿐히 줄에 내려온다.
성큼성큼 뒷걸음질할 만큼
두 발과 외줄은 서로 익숙하여졌다.

이제는 아슬아슬한 외줄 타기 인생이 아니다.
몸의 장단에 맞추어 함께 흔들어주는 줄 위에서

신명 나게 춤추며 걸어간다.

기쁠 때나 슬플 때나
외로울 때나 아플 때나
죽음이 가를 때까지 함께 하자고
외줄 인생과 백년가약 맺었다.

초대하지 않은 손님

시원한 바람 초대하려
창문 활짝 열어 놓고
마실 나갔다 돌아오니
초대하지 않은 손님이
바람같이 다녀갔다.

어두운 구석에 찬란히
번쩍거리고 있을 보석 찾아
작은 한구석에 숨어있을
빳빳한 돈다발 찾아

이 방에서 저 방으로
위 서랍에서 맨 밑 서랍까지
바람 되어 창문 타고 들어와
쓰나미처럼 휩쓸고 지나갔다.

두근두근 마음 졸이며
살금살금 발자국 떼며
재빠르게 손발 놀렸을
바람 모습으로 둔갑한 손님 모습
눈앞에 어른거린다.

테니스 경기

경기장 중간에는 네트가 가로 막혀 있지.
끊임없이 날아오는 공,
허점 향해 정확한 각도로 날아와 꽂히는 공,
그 빈 자리, 쏜살같이 뛰어가 막아 내야 해.

오른쪽으로 들어올 듯하다
왼쪽으로 날아오는 저 황당한 기습,
앞쪽으로 들어올 듯하다
뒤로 멀리 떨어지며 비웃는 공.
음모와 비웃음, 속임수는
둥그런 공에 묻어 늘 따라오지.

출렁거리는 네트는
넘실거리는 도전의 파도,
세고 약한 공의 강약은
다가오는 도전의 강약.

연속 실패해도 좌절은 금물.
아슬아슬한 반전의 즐거움,
통쾌한 역전의 기회가 찾아올 때까지
중간 포기는 금물.

몇 점 앞서도 긴장은 풀지 않아야 해.
중간 승자는 없지.
최후 승자만이 챔피언.
경기는 승자를 위해 있는 것.

손에 라켓을 꽉 잡고
승리의 의지와 열정을 실어
도전장 되어 날아오는 공, 경쾌하게 받아 내며
네트, 그 중간 방해물의 높이를 넘겨야 하는 경기.
홀로 외로이 싸워야 하는 단식 경기.

인생은 널 챔피언으로 키우기 위해 마련된 경기.

경기의 룰, 양심을 꼭 지키고
끝까지 싸워 네 인생의 챔피언이 되어야 해.
승자의 트로피를 한껏 높이 쳐들고
기쁨의 환희로 세상을 들썩거리게 만들기까지!

경기에 쏟아 붓는 네 삶이
감동의 메시지가 되어
둘러싼 청중들 가슴에
파도처럼 출렁거리며 세상에 흘러가도록…

매치 포인트까지 가는 긴장의 순간,
손에 땀을 쥐는 반전의 순간이 잦을수록
감동의 진폭은 더욱 큰 것,
도전의 강도가 셀수록
숨을 가다듬고 침착하게
마지막 승부까지 온 힘을 다 해봐!

최후의 볼이 네트 위에 걸려
어느 쪽으로 떨어지느냐
득점이 되느냐 실점이 되느냐는
하늘의 공평한 심판에 맡기고…

네 작은 눈 들어

네 작은 눈 들어
저 높이
공중에 나는 새 바라보라.

씨뿌리지 않고
거두지 않아도
하늘 아버지가 날마다 먹이 주시어
창공 솟구쳐 날아가는 힘 주시네.

네 작은 눈 들어
저 멀리
들에 핀 백합화 바라보라.

온갖 영화 누리던 솔로몬의 옷보다
우아하고 향기로운 옷 입었네.

우리는 새보다, 백합화보다

더 귀하고 귀한
그의 사랑하는 자녀들.

창조주 아버지가 우리를
공중의 새보다 풍족히 먹이시고
백합화보다 어여삐 입히시리니
내 앞길 염려할 것 없네.
내 마음 불안할 것 없네.

먼저 그분의 나라와 의를 구하라.
쇠하여지고 사라질 땅이 아닌
영원한 하늘에 네 보물 쌓아 두라.
다른 모든 것은 선물로 주시리.

너희는 먼저 그의 나라와
그의 의를 먼저 구하라.

이삭 줍던 여인

베들레헴 흉년으로 이방 모압 땅으로 넘어 온
한 유대인 남자 지아비 만나
단란한 가정 이루던 모압 여인 룻.

십여 년 후, 병약해진 남편
젊은 아내와 어머니 남겨놓고
훌쩍 세상 떠났네.

타향에서 남편과 두 아들 잃은 나오미
몸과 마음 둘 곳 없어
두 과부 며느리 떠나 보내고
홀로 고향으로 떠나려 하였네.

어머니의 백성이 나의 백성,
어머니의 하나님이 나의 하나님이라 하며
끝까지 나오미 따라와 고통 나누었던 룻.

그 갸륵한 마음, 하늘도 감동하였네.
밭에서 이삭 주워 시어머니 섬기던 여인
너그러운 주인 보아스 만났네.

하늘이 맺어준 새 인연
사랑의 보금자리에
이새의 아버지 태어나고
이새의 아들, 다윗이 태어났네.

백합화처럼 고결한 룻,
그녀의 후손 가운데
마침내 세상을 구원할 구주 탄생하였네.

영원한 하나님의 백성이 된 모압 여인,
이방인도 구원하시기 원하는
하나님의 자비와 사랑의 향기를
온 세상에 퍼지게 하였네.

그는 오늘도

빈자리에 날아와 고요한 향기로 머무네.
낮은 곳으로 가만히 내려와 조용히 흐르네.
외로운 자리 찾아 충만한 빛으로 채우네
오늘도 세상 고통 짊어지고 십자가에 아프게 달려있네.

그는 내게 사랑의 햇빛 미소 보내며
생명 양식 풍성한 빛나는 하늘 식탁으로 초대하네.
오늘도 그와 더불어 먹는 기쁨 누리고
세상에 기쁜 소식 전하리.

까마득한 그 날, 태초에

까마득하고 까마득한 그 날, 태초에
아직 허허로운 혼돈과 흑암의 땅에
창조의 그림을 그리신 분이 계셨네.

권능의 말씀으로
"빛이 있으라" 하시니
찬란한 태양 빛이
혼돈과 어둠의 땅을
환히 밝혔네.

하늘과 땅, 바다를 만드시고
그 안의 만물을 다스릴 사람을
흙으로 정성껏 빚으시고
코에 생기를 불어 넣으셨네.

하늘에 해와 달, 별을 그려 넣으신 그분 따라
우리도 그림을 그리고

지저귀는 새 소리, 잘잘 거리며 흐르는 물소리,
바람 스치는 소리
그 소리 만드신 그분 따라
우리도 새처럼 바람처럼 노래하고
말씀으로 천지를 창조하신 그분 따라
우리도 언어로 우주의 집 짓는 시를 쓰네.

그분의 생기가 담긴 그림과 시, 노래로
죄짐에 눌린 자, 자유 얻고
상처받은 자, 치료의 기쁨 얻고
우리를 창조하신 그분께
그림과 노래와 시로
영광과 찬송을 바치네.

수정같이 맑은 생명수 흐르는 강가,
열두 가지 열매 달린 생명나무,
새 하늘과 새 땅을

감격의 눈으로 바라보는 그날까지
그분을 아는 지식이 세상에 충만하길 비네.

당신의 아름다운 모습

세상에 실망하고 절망하기보다
당신의 아름다운 모습 바라보게 하소서.

얼굴에 침 뱉으며 조롱하는 자들을 위해,
긍휼과 자비만을 베푸신 그 손에
잔인하게 굵은 대못 박았던 그들을 위해
마지막 숨 가쁘게 내쉬며 용서의 기도 드리셨네.
"아버지, 저들을 용서하여 주옵소서!"

죄인을 위해, 원수를 위해
한 방울의 피도 남김없이 흘리신
당신의 용서의 사랑
당신의 희생의 사랑 배우게 하소서.

이웃에 분노하고 한숨 쉬기보다
당신의 아름다운 모습 바라보게 하소서.

당신을 세 번이나 부인한 베드로를 위해
뜨거운 눈물로 기도하신 그 기도,

배반자 유다에게 떡 조각 떼어주시며
끝까지 사랑하신 그 사랑,

십자가 앞에서 슬픔에 빠져
멀리 떠나간 제자들
갈릴리 게네사렛 호수까지 찾아오시어
"내 양을 먹이라!" 하시며 목자로 삼으신
그 소망을 날마다 배우게 하소서.

마침내 나도 당신의 아름다운 모습 덧입을 때까지.